sekolo - colegio	2
eta - viaje	5
senamelwa - transporte	8
toropo - ciudad	10
lefelo la dithaba - paisaje	14
lebenkele la dijo - restaurante	17
lebenkele la dihlare - supermercado	20
dino - bebidas	22
dijo - comida	23
polasa - granja	27
ntlo - casa	31
phapoši ya go dula - living	33
boapeelo - cocina	35
kamora ya go hlapela - baño	38
phapoši ya bana - cuarto de los chicos	42
diaparo - ropa	44
ofisi - oficina	49
ekonomi - economía	51
bodulo - ocupaciones	53
didirišwa - herramientas	56
didirišwa tša mmino - instrumentos musicales	57
zuu - zoológico	59
dipapadi - deportes	62
mediro - actividades	63
lelapa - familia	67
mmele - cuerpo	68
sepetlele - hospital	72
tšhoganetšo - emergencia	76
Lefase - Tierra	77
sešupanako - reloj	79
beke - semana	80
ngwaga - año	81
dibopego - formas	83
mebala - colores	84
tša go fapana - opuestos	85
dinomoro - números	88
maleme - idiomas	90
mang / eng / bjang - quién / qué / cómo	91
kae - dónde	92

Impressum
Verlag: BABADADA GmbH, Nedderfeld 112 , 22529 Hamburg
Geschäftsführer / Verlagsleitung: Harald Hof
Druck: Books on Demand GmbH, In de Tarpen 42, 22848 Norderstedt

Imprint
Publisher: BABADADA GmbH, Nedderfeld 112 , 22529 Hamburg, Germany
Managing Director / Publishing direction: Harald Hof
Print: Books on Demand GmbH, In de Tarpen 42, 22848 Norderstedt

sekolo
colegio

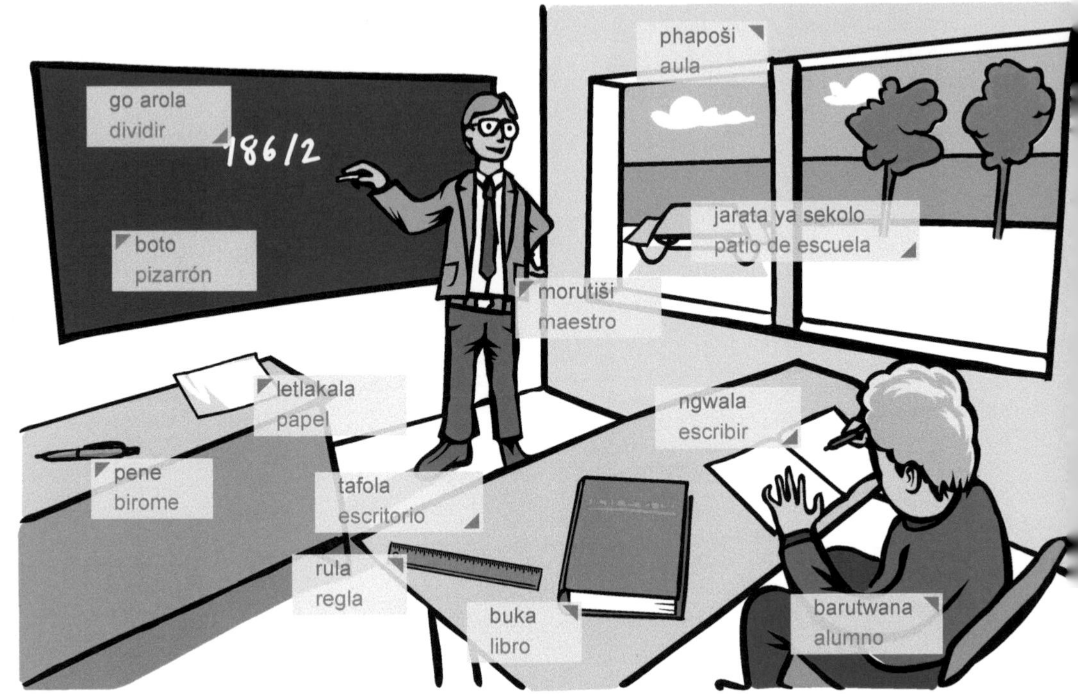

phapoši
aula
go arola
dividir
186/2
jarata ya sekolo
patio de escuela
boto
pizarrón
morutiši
maestro
letlakala
papel
ngwala
escribir
pene
birome
tafola
escritorio
rula
regla
buka
libro
barutwana
alumno

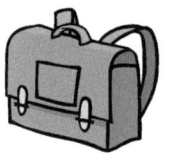

peke
mochila

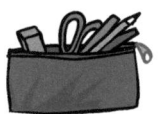

kheise ya phensele
caja de lápices

phensele
lápiz

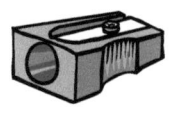

motšhene wa go betla phensele
sacapuntas

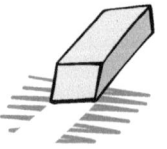

rabhara
goma (de borrar)

phede ya ho thala
bloc de dibujo

go thala

dibujo

borashe ya go penta

pincel

lepokisi la go penta

caja de pinturas

sekero

tijera

sekgomaretši

pegamento

puku ya go ngwala

cuaderno de ejercicios

mošomo wa gae

tarea

nomoro

número

tlatša

sumar

go ntšha

restar

go atiša

multiplicar

khalekhuleitha

calcular

lengwalo

letra

alefapete

abecedario

lentšu

palabra

mongolo
texto

bala
leer

tšhoko
tiza

thuto
lección

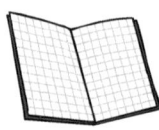

puku ya maina
cuaderno de clase

thuto
examen

setifikeite
certificado

diaparo tša sekolo
uniforme escolar

thuto
educación

encyclopedia
enciclopedia

yunibesithi
universidad

maekrosekoupo
microscopio

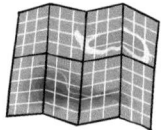

mmapa
mapa

pasekete ya matlakala a ditšhila
tacho (de basura)

eta

viaje

hotele
hotel
Grand
hosetele
hostel
ROOMS
efelo la go fetola tšhelete
asa de cambio
sutukheise
valija
koloi
auto

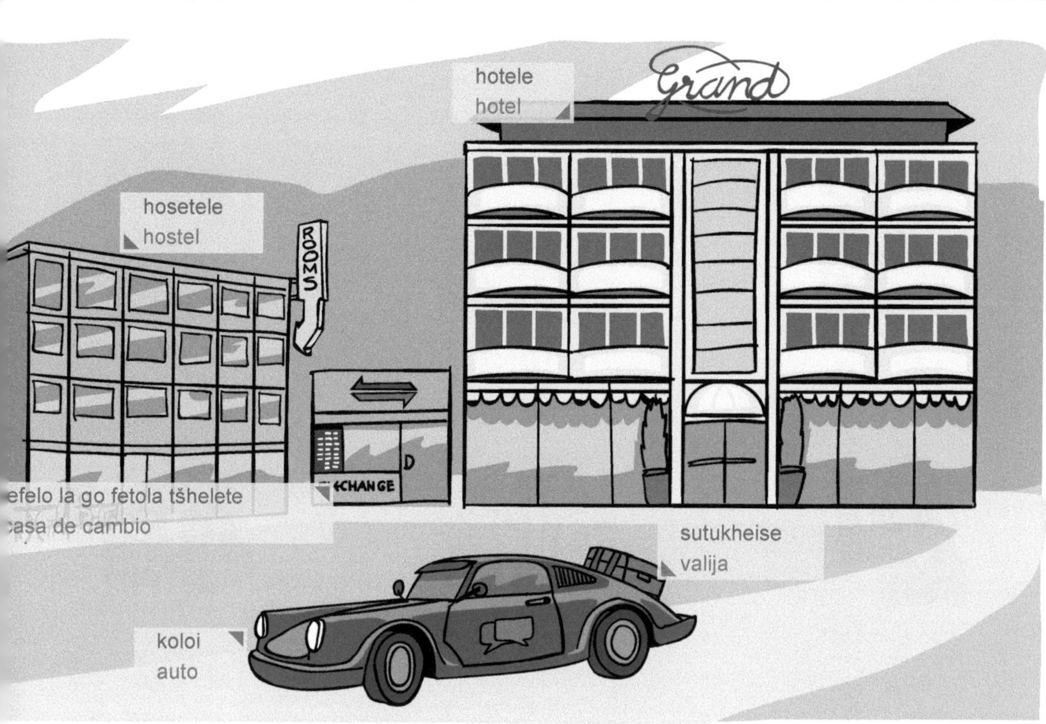

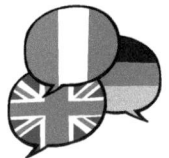

Leleme

idioma

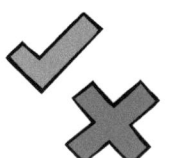

ee / aowa

sí / no

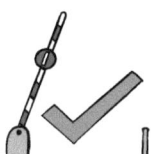

Go lokile

Está bien

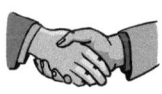

Dumela

hola

mofetoledi

traductor

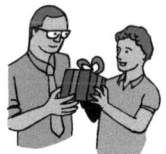

Re a leboga

Gracias

... ke bokae?

¿cuánto cuesta...?

ga ke kwešiše

No entiendo

bothata

problema

Thobela!

¡Buenas tardes!

Meso e mebotse!

¡Buenos días!

Robala botse!

¡Buenas noches!

šala gabotse

adiós

keletšo ya tsela

dirección

peke

equipaje

peke

bolso

mokotla wa dipuku

mochila

moeng

invitado

phapoši

habitación

pekana ya go robala

bolsa de dormir

mokhukhu

carpa

boitsebišo bja moeti

información turística

lewatleng

playa

karata ya mokitlana

tarjeta de crédito

dijo tša mesong

desayuno

matena

almuerzo

dijo tša mantšiboa

cena

thikethe

pasaje

lifithi

ascensor

setempe

sello

border

frontera

setlwaedi

aduana

embassy

embajada

visa

visa

phasepoto

pasaporte

senamelwa

transporte

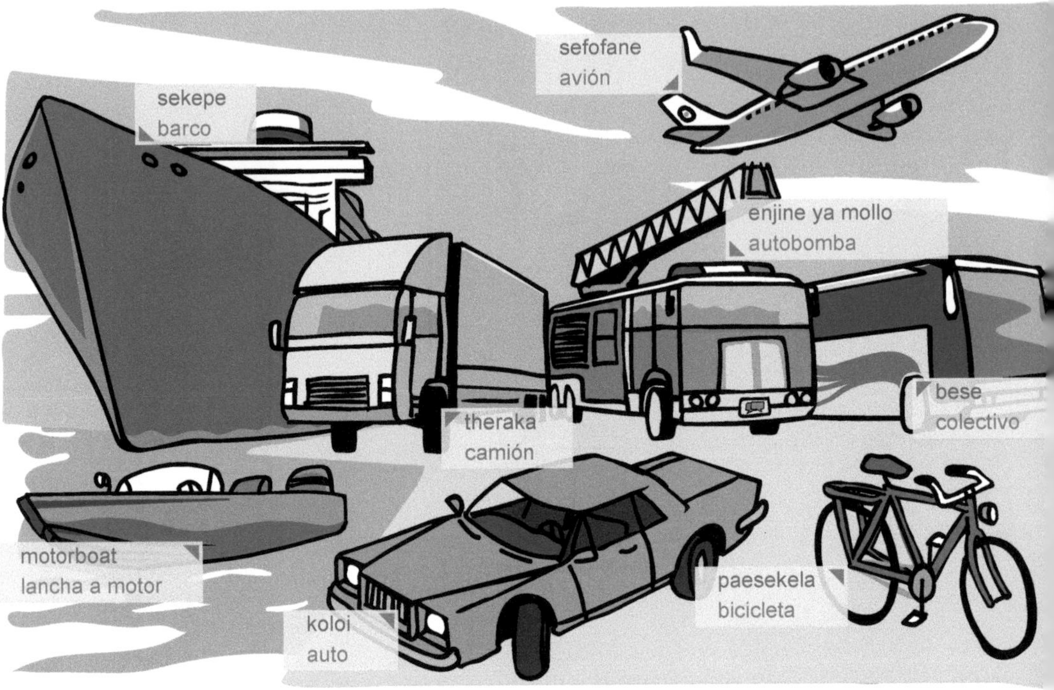
sefofane
avión
sekepe
barco
enjine ya mollo
autobomba
bese
colectivo
theraka
camión
motorboat
lancha a motor
paesekela
bicicleta
koloi
auto

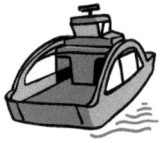

feri
ferry

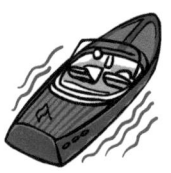

sekepe
bote

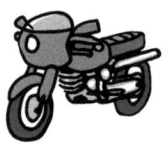

sethuthuthu
moto

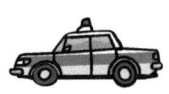

koloi ya maphodisa
patrullero

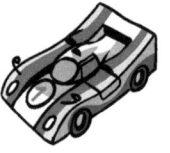

koloi ya go šiašiana
auto de carreras

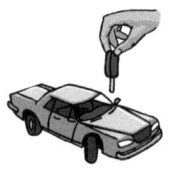

koloi ya go rentišwa
auto de alquiler

go arogana koloi

alquiler de autos

theraka ya go goga

grúa

theraka ya ditlakala

camión de basura

mmotho

motor

makhura

nafta

seteišene sa makhura

estación de servicio

leswao la therafiki

señal de tránsito

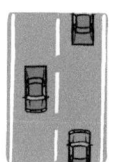

therafiki

tránsito

therafiki

embotellamiento

efelo la go phaka dikoloi

estacionamiento

seteišene sa terene

estación de tren

tsela

vías

terene

tren

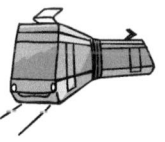

theramo

tranvía

koloi

vagón

sefofane

helicóptero

boemafofane

aeropuerto

serokami

torre

monamedi

pasajero

seswari

contenedor

lepokisana

caja de cartón

khathe

carretilla

basket

canasta

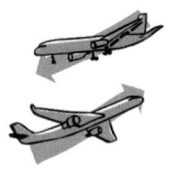

go tloga / go kwatama

despegar / aterrizar

toropo
ciudad

motse

pueblo

bogareng bja toropo

centro de ciudad

ntlo

casa

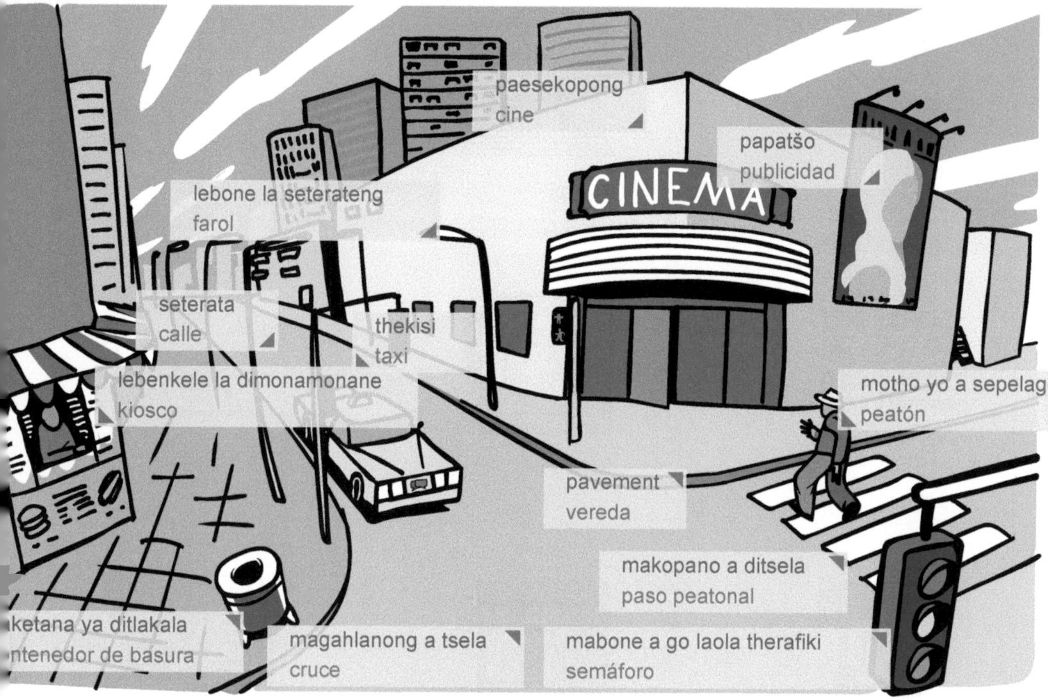

paesekopong
cine

papatšo
publicidad

lebone la seterateng
farol

CINEMA

seterata
calle

thekisi
taxi

lebenkele la dimonamonane
kiosco

motho yo a sepelago
peatón

pavement
vereda

makopano a ditsela
paso peatonal

ketana ya ditlakala
ntenedor de basura

magahlanong a tsela
cruce

mabone a go laola therafiki
semáforo

mokutwana

cabaña

folete

departamento

seteišene sa terene

estación de tren

holo ya toropong

municipalidad

museamo

museo

sekolo

colegio

yunibesithi

universidad

panka

banco

sepetlele

hospital

hotele

hotel

lebenkele la dihlare

farmacia

ofisi

oficina

lebenkele la dipuku

librería

lebenkele la dijo

negocio

lebenkele la matšoba

florería

lebenkele la dihlare

supermercado

mmakete

mercado

lebenkele la dilo tše dintši

grandes tiendas

fishmonger's

pescadería

lefelo la mabenkele

centro comercial

boemakepe

puerto

phaka

parque

bench

banco

leporogo

puente

ditepisi

escaleras

ka tlase

subte

thanele

túnel

boemela pese

parada del colectivo

bar

bar

lebenkele la dijo

restaurante

lepokisi la poso

buzón

leswao la seterata

letrero

mithara wa go phaka koloi

parquímetro

zuu

zoológico

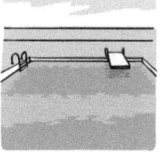

letamo la go rutha

pileta

lefelo la mamoseleme

mezquita

polasa
....
granja

tšhilafalo
....
contaminación

mabitla
....
cementerio

kereke
....
iglesia

lefelo la go bapala
....
juegos infantiles

tempele
....
templo

lefelo la dithaba

paisaje

letlakala
hoja

leswao la tsela
poste indicador

tsela
camino

lefelo kgauswi le noka
pradera

letlapa
piedra

mophara thaba
excursionista

mohlare
árbol

noka
río

bjang
hierba

letšoba
flor

tsela
valle

thaba
montaña

letangwana la meetsi
lago

sethokgwa
bosque

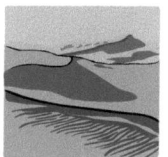

leganata
desierto

thabamollo
volcán

ntlo e kgolo
castillo

molalatladi
arco iris

mushroom
champiñón

palm tree
palmera

monang
mosquito

fofa
mosca

ditšhošwane
hormiga

nosi
abeja

segokgo
araña

khunkhwane

escarabajo

segwagwa

rana

squirrel

ardilla

noko

erizo

mmutla

liebre

leribiši

lechuza

nonyana

pájaro

mogolodi

cisne

kolobe ya naga

jabalí

phuthi

ciervo

phuthi

alce

letamo

presa

wind turbine

aerogenerador

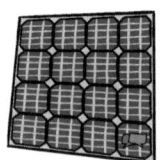

phanele ya solar

panel solar

leratadima

clima

lebenkele la dijo
restaurante

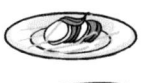

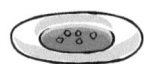

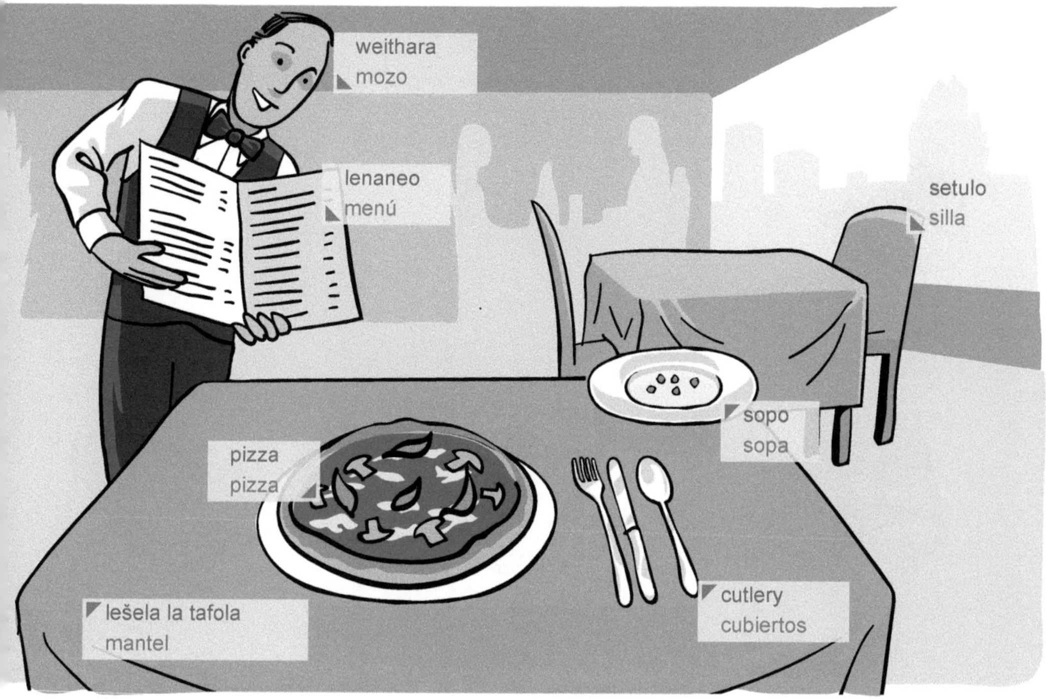
weithara
mozo
lenaneo
menú
setulo
silla
sopo
sopa
pizza
pizza
lešela la tafola
mantel
cutlery
cubiertos

dijo tša mathomo

entrada

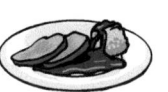

dijo

plato principal

dimonamonane

postre

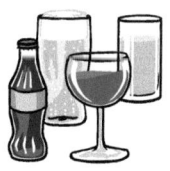

dino

bebidas

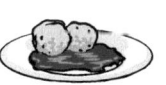

dijo

comida

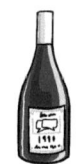

lepotlelo la ngwana

botella

fastfood

comida rápida

dijo tša seterateng

comida callejera

ketlele ya tea

tetera

poleitana swikiri

azucarera

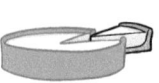

karolo

porción

motšhene wa espresso

cafetera expreso

setulo sa godimo

sillita alta

tefo

cuenta

therei

bandeja

thipa

cuchillo

foroko

tenedor

lelepola

cuchara

lelepola

cucharita

lešela la go iphomola

servilleta

galase

vaso

poleite

plato

poleite ya sopo

plato hondo

sosara

plato

moroto

salsa

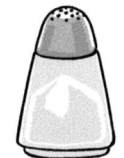

poto ya letswai

salero

sešila phepha

molinillo de pimienta

vinegar

vinagre

makhura

aceite

sepaese

especias

tamatisoso

kétchup

masetete

mostaza

mayonnaise

mayonesa

lebenkele la dihlare

supermercado

dithekišo tša tlase
oferta especial
moreki
cliente
dijo tša go ba le maswi
lácteos
dikenywa
fruta
teroli
changuito
FOR

BUTCHERS

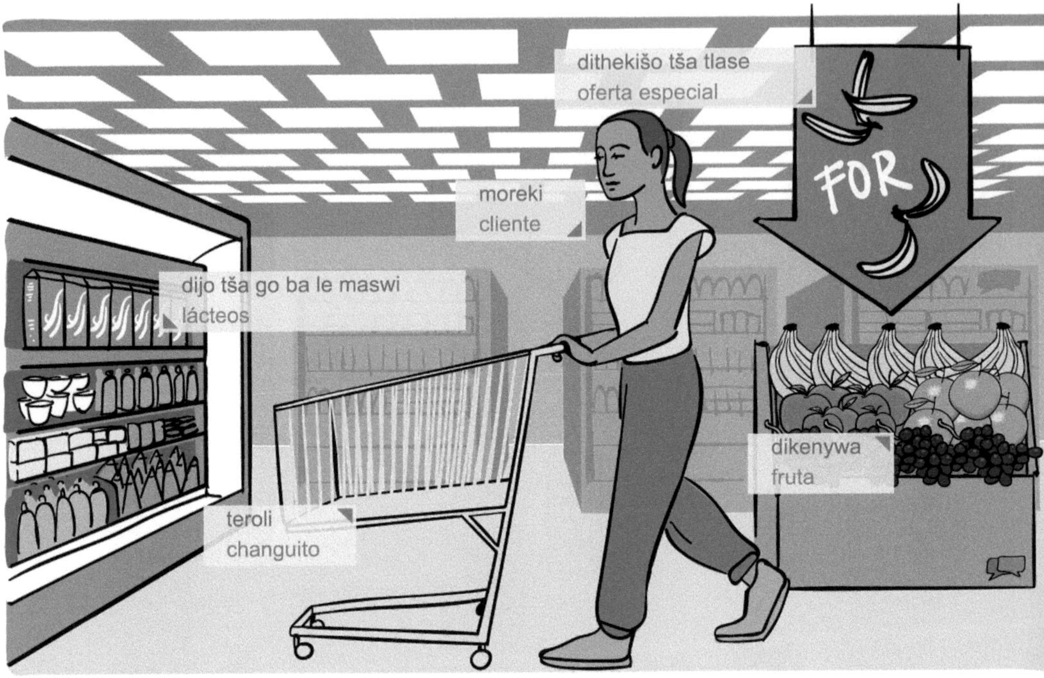

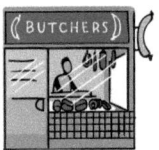

selaga

carnicería

BAKERY

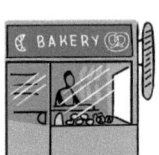

moapei wa dikuku

panadería

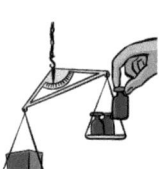

kala

pesar

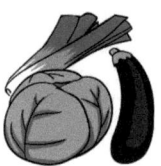

merogo

verduras

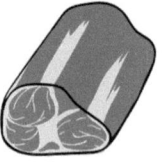

nama

carne

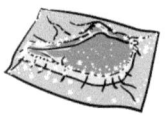

dijo tše gahlišitšwego

alimentos congelados

nama ya go tonya

fiambres

tinned food

alimentos enlatados

sešepi sa go hlatswa

detergente en polvo

dimonamonane

golosinas

dilo tša ka ntlong

electrodomésticos

didirišwa tša go hlwekiša

productos de limpieza

morekiši

vendedora

till

caja

morekiši

cajero

lenaneo la tše rekišwago

lista de compras

diiri tša go bula

horario de atención

sepatšhe

billetera

karata ya mokitlana

tarjeta de crédito

peke

cartera

peke ya polasetiki

bolsa de plástico

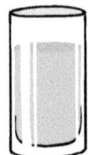

meetsi

agua

Juice

jugo

maswi

leche

coke

bebida cola

beine

vino

bhiri

cerveza

bjala

alcohol

cocoa

cacao

tea

té

kofi

café

espresso

café expreso

cappuccino

cappuccino

banana

banana

apola

manzana

namome

naranja

melon

melón

namone

limón

carrot

zanahoria

garlic

ajo

bamboo

bambú

keiye

cebolla

mushroom

champiñón

ditokomane

nucces

noodles

fideos

spaghetti

tallarines

raese

arroz

salate

ensalada

ditšhipisi

papas fritas

matapola a gadikilwego

papas fritas

pizza

pizza

hambeka

hamburguesa

sandwich

sándwich

cutlet

churrasco

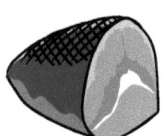

ham

jamón

salami

salame

sausage

salchicha

kgogo

pollo

gadika

asado

hlaphi

pescado

bogobe bja oats

copos de avena

muesli

muesli

cornflakes

copos de maíz

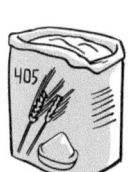

folouro

harina

croissant

medialuna

dipanse

pancito

borotho

pan

toaster

tostada

dipisikiti

galletitas

botoro

manteca

curd

cuajada

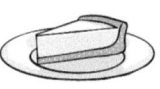

kuku

torta

lee

huevo

lee le gadikilwego

huevo frito

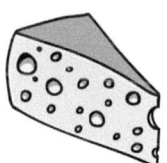

tshese

queso

ice cream

helado

swikiri

azúcar

todi ya dinosi

miel

jeme

mermelada

chocolate spread

pasta de chocolate

curry

curry

dijo - comida

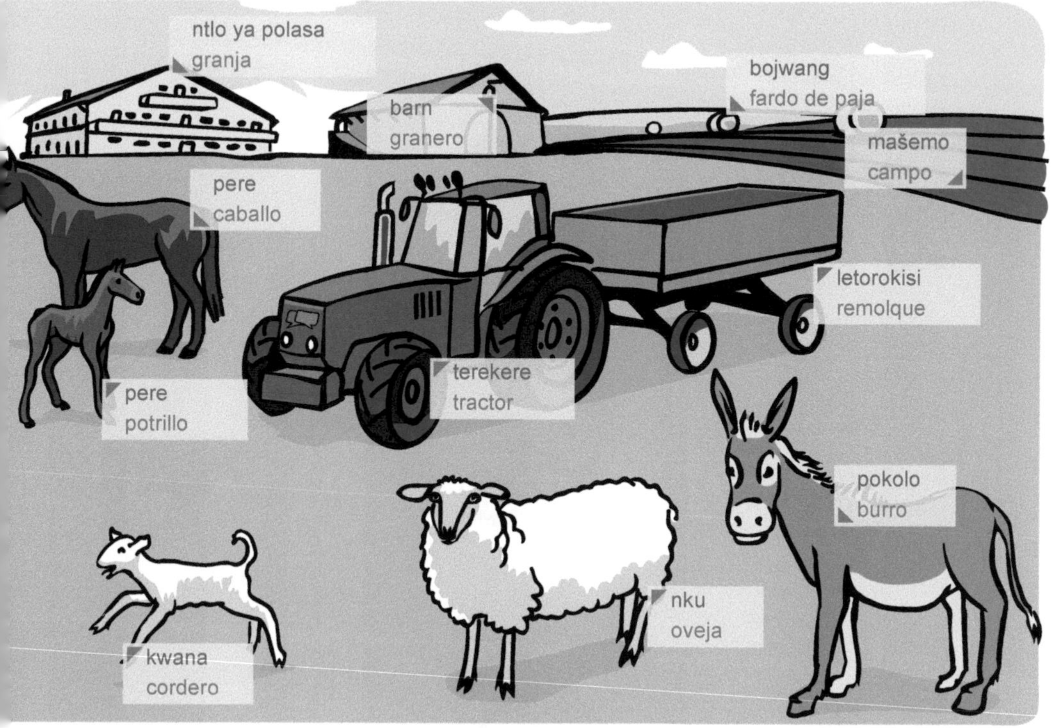

ntlo ya polasa
granja

bojwang
fardo de paja

barn
granero

mašemo
campo

pere
caballo

letorokisi
remolque

pere
potrillo

terekere
tractor

pokolo
burro

nku
oveja

kwana
cordero

pudi

cabra

kgomu

vaca

namane

ternero

kolobe

cerdo

kolobjana

lechón

poo

toro

leganse
ganso

leganse
pato

letswienyane
pollo

kgogo
gallina

mokoko
gallo

legotlo
rata

katse
gato

legotlo
ratón

pholo
buey

mpša
perro

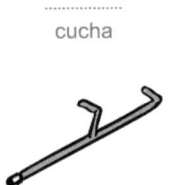

ntlwana ya mpša
cucha

lethompo la seratswana
manguera

khene ya meetse
regadera

peke
guadaña

megoma ya terekere
arado

sekele

hoz

mogoma

azada

foroko

horquilla

selepe

hacha

kiribai

carretilla

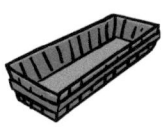

letangwana la meetsi

abrevadero

khene ya maswi

lechera

lesaka

bolsa

fense

reja

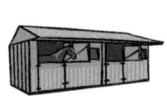

stable

establo

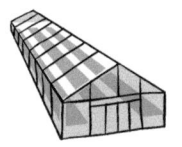

ntlwana ya galase ya dihlare

invernadero

mobu

suelo

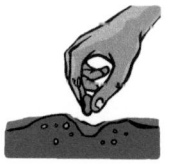

peu

semilla

manyora

fertilizador

motšhene wa go buna

cosechadora

buna

cosechar

buna

cosecha

tse monate

batatas

korong

trigo

soy

soja

letapola

papa

korong

maíz

rapeseed

semilla de colza

mohlare wa dikenywa

árbol frutal

cassava

mandioca

disereale

cereales

tšhemela
chimenea

marulelo
techo

phaephe ya drain
caño de desagüe

lefasetere
ventana

karatše
garaje

nakana ya lebati
timbre

lebati
puerta

pakete ya matlakala
tacho de basura

lepokisi la maletere
buzón

serapana
jardín

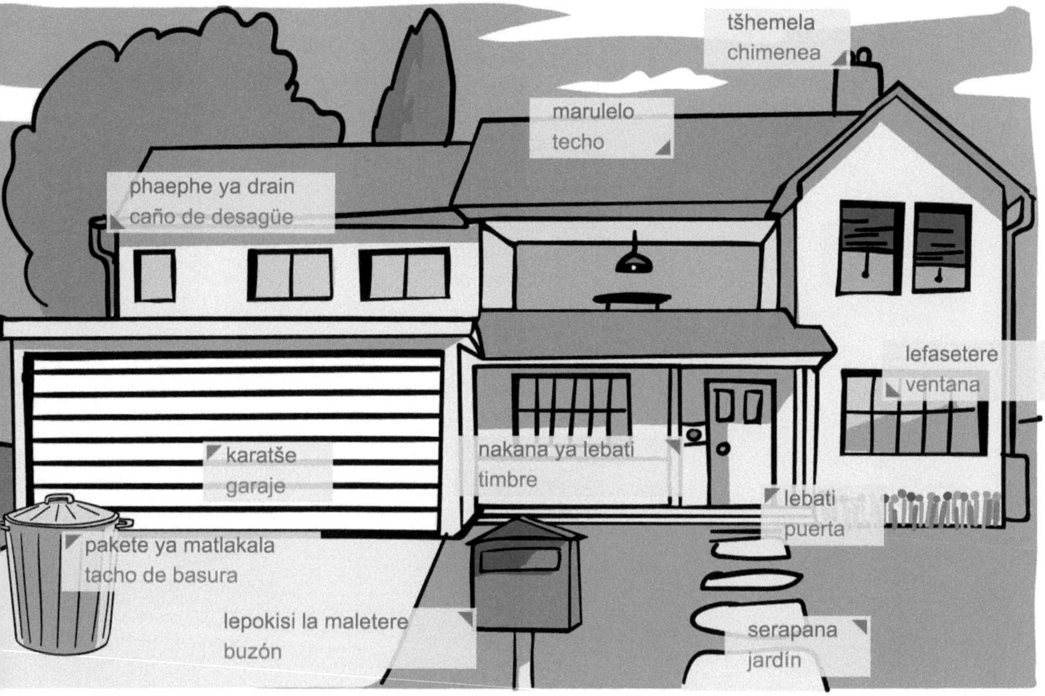

phapoši ya go dula
living

kamora ya go hlapela
baño

boapeelo
cocina

phapoši ya go robala
dormitorio

phapoši ya bana
cuarto de los chicos

lefelo la boiketlo
comedor

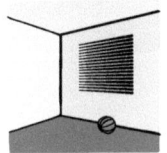

fase
piso

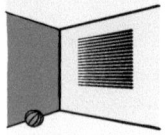

lebota
pared

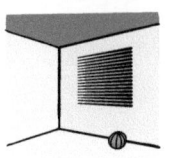

siling
cielorraso

cellar
sótano

sauna
sauna

letsikangope
balcón

lelapa
terraza

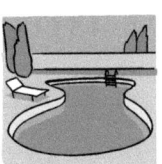

letamo la go rutha
pileta

motšhene wa go sega bjang
cortadora de pasto

lešela la go iphomola
sábana

lešela la mpeto
acolchado

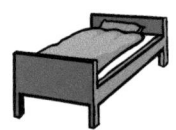

mpeto
cama

leswielo
escoba

pakete
balde

pholaka
interruptor

phapoši ya go dula
living

senepe sa sedirišwa
empapelado
senepe
imagen
lebone
lámpara
shelofe
estante
khaboto
armario
thelebišene
televisión
lefelo la mollo
chimenea
letšoba
flor
kobo
almohadón
sofa
sofá
vase
florero
remote control
control remoto

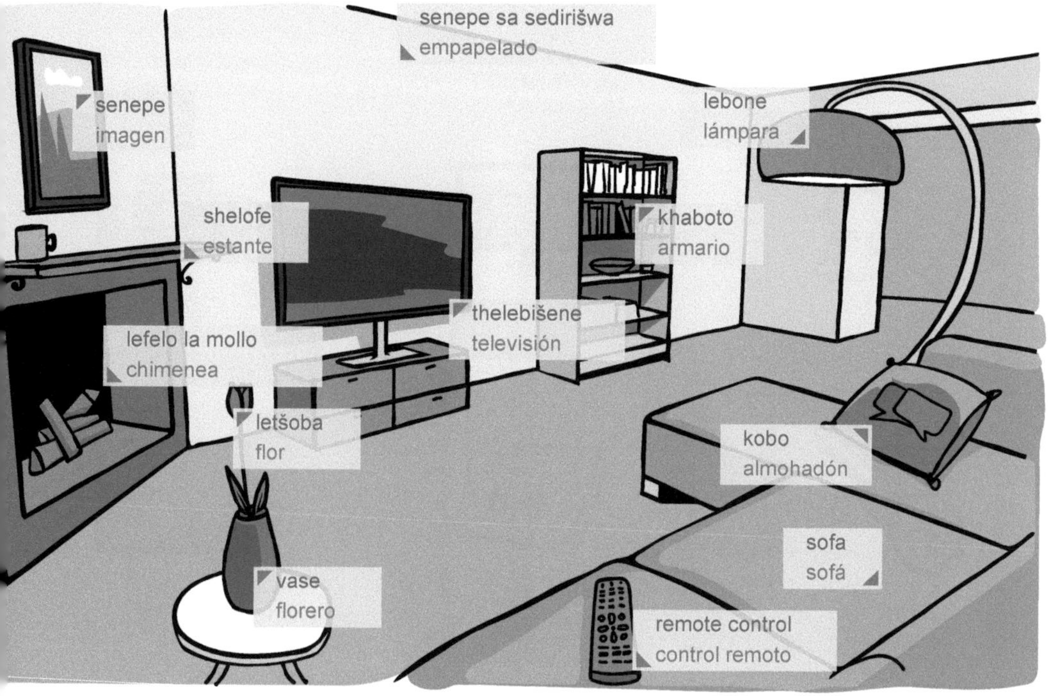

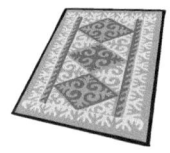

khaphete
alfombra

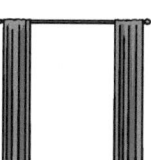

garetene
cortina

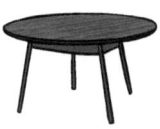

tafola
mesa

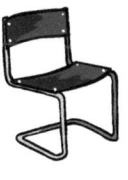

setulo
silla

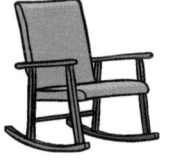

rocking chair
mecedora

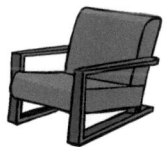

armchair
sillón

buka

libro

kobo

frazada

bokgabišo

decoración

dikota tša mollo

leña

filimi

película

sedirišwa sa hi-fi

equipo de música

senotlelo

llave

kuranta

diario

go penta

pintura

phouseta

póster

radio

radio

pukwana ya go ngwala

cuaderno

motšhene wa go hlwekiša

aspiradora

mohlašana wa cactus

cactus

kerese

vela

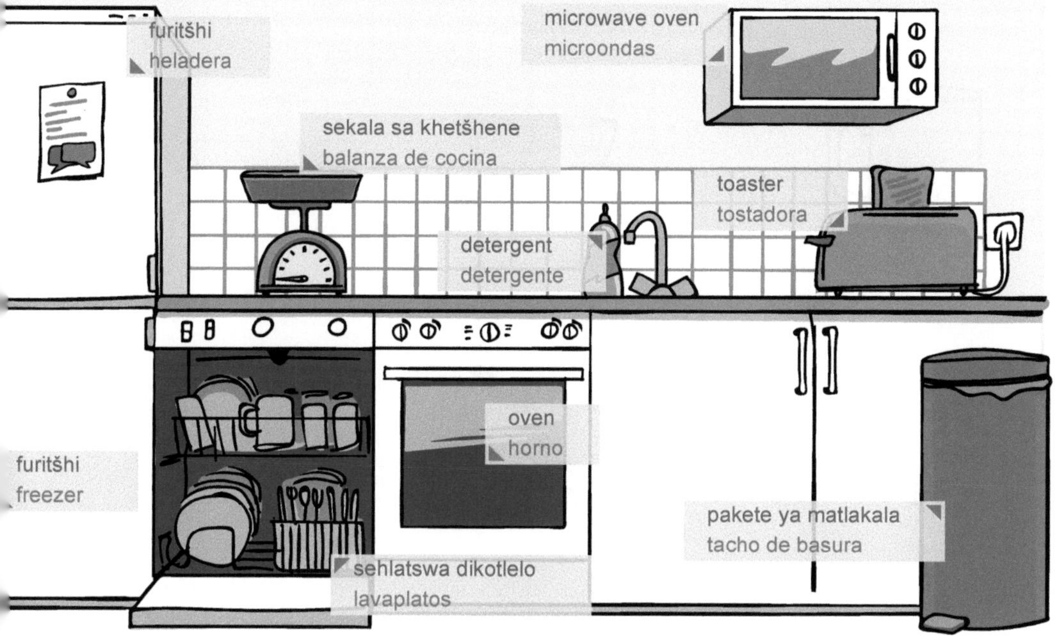

furitši
heladera

microwave oven
microondas

sekala sa khetšhene
balanza de cocina

toaster
tostadora

detergent
detergente

furitši
freezer

oven
horno

pakete ya matlakala
tacho de basura

sehlatswa dikotlelo
lavaplatos

moapei

cocina

pitša

olla

cast-iron pot

olla de hierro fundido

wok / kadai

wok

pane

sartén

ketlele

pava

steamer

vaporera

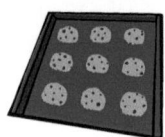

therei ya go paka

bandeja de horno

dikotlelo

vajilla

komiki

taza

mogopo

bol

diphathana tša go ja

palitos

lelepola la ladle

cucharón

spatula

estpátula

whisk

batidora

strainer

colador

sefo

colador

kereitara

rallador

mortar

mortero

barbecue

parrilla

thuntšha

fogata

boto ya dijo

tabla de picar

rolling pin

palo de amasar

sebula lepotlelo

sacacorchos

khene

lata

sebula khene

abrelatas

seswara dipoto

manopla

sinki

pileta

borashe

cepillo

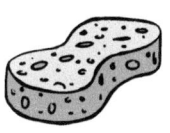

sepontše

esponja

sehlakanyi

batidora

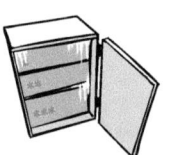

freezer

congelador

lepotlelo la ngwana

mamadera

pompi

canilla

kamora ya go hlapela
baño

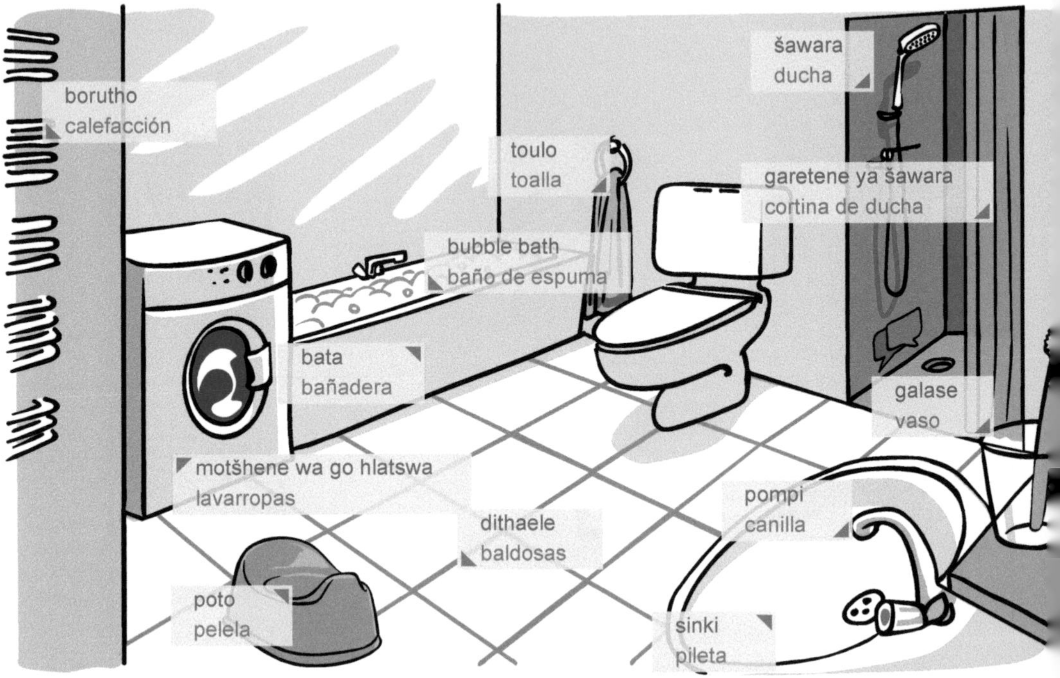

borutho
calefacción
šawara
ducha
toulo
toalla
garetene ya šawara
cortina de ducha
bubble bath
baño de espuma
bata
bañadera
galase
vaso
motšhene wa go hlatswa
lavarropas
pompi
canilla
dithaele
baldosas
poto
pelela
sinki
pileta

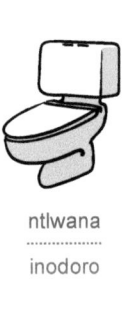

ntlwana

inodoro

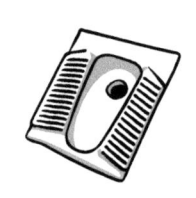

ntlwana ya ho tshorama

letrina

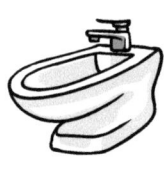

bidet

bidé

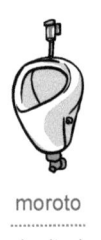

moroto

mingitorio

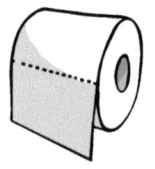

pampiri ya ntlwana

papel higiénico

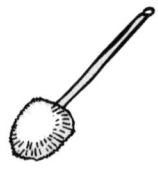

boraše ya ntlwana

cepillo para el inodoro

oraše ya ho hlapa meno
cepillo de dientes

sešepi sa meno
dentífrico

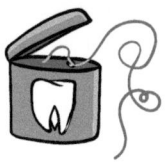

floss ya meno
hilo dental

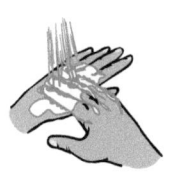

hlatswa
lavar

shawara ya go swarwa ka matsogo
ducha de mano

douche
ducha higiénica

basin
palangana

back brush
cepillo para espalda

sešepi
jabón

sešepi sa ka šawareng
gel de ducha

shampoo
shampoo

folene
toallita

drain
desagüe

sa go tlola
crema

senkgiša bose
desodorante

seipone

espejo

sepili se senyenyane

espejito

legare

maquinita de afeitar

shaving foam

espuma de afeitar

aftershave

aftershave

kamo

peine

boraše

cepillo

derayara ya moriri

secador de pelo

setlola sa moriri

spray

makeup

maquillaje

setlola sa molomo

lápiz de labios

varnish ya manala

esmalte para uñas

wulu

algodón

sekero sa dinala

tijera para uñas

phefumo

perfume

pekana ya tša go hlapa

portacosméticos

setulo

banqueta

sekala

balanza

toulwana ya go hlapa

bata

ditlelafo tša rabara

guantes de goma

tampon

tampón

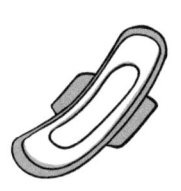

toulo ya go phumula matsogo

toallita femenina

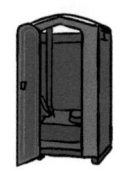

ntlwana ya dikhemikhale

baño químico

phapoši ya bana

cuarto de los chicos

watšhe ya alamo
despertador
mpopi
peluche
koloi ya go bapadiša
coche de juguete
rattle ya bana
sonajero
ntlo ya mepopi
casa de muñecas
present
regalo

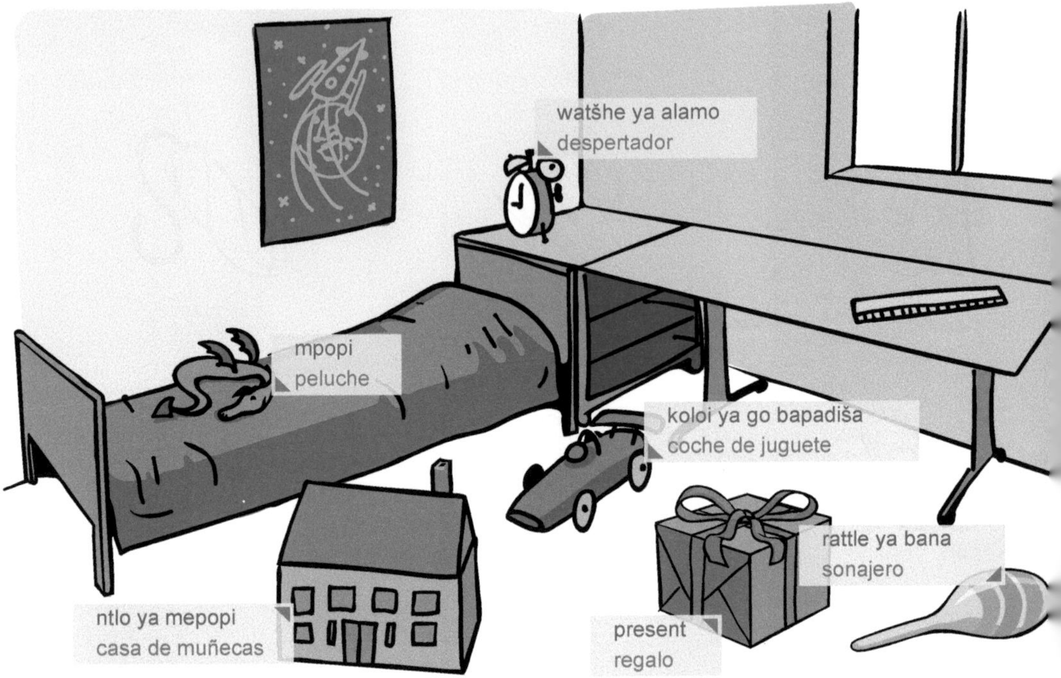

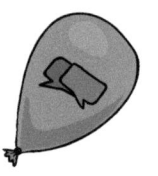

baluni

globo

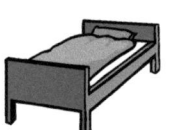

mpeto

cama

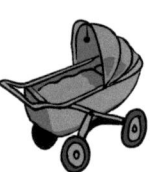

phorema

cochecito

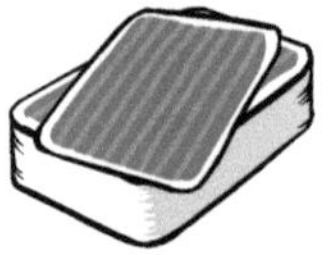

dikarata

cartas

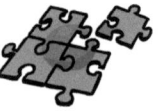

papadi ya jigsaw

rompecabezas

SUPER
MEGA

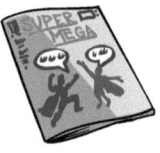

metlae

historieta

papadi ya lego bricks

piezas de lego

papadi ya building blocks

ladrillos de juguete

action figure

figura de acción

go gola ga ngwana

enterito (de bebé)

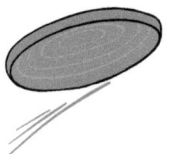

papadi ya Frisbee

frisbee

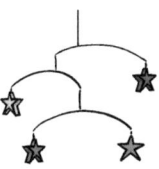

mobile

móvil para bebés

papadi ya boto

juego de mesa

letaese

dados

model train set

tren eléctrico

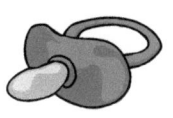

tami

chupete

phathi

fiesta

puku ya dinepe

libro de cuentos ilustrado

kgwele

pelota

mpopi

muñeca

bapala

jugar

sandpit

arenero

swing

hamaca

tša go bapadiša

juguetes

sedirišwa sa dipapadi tša
bidio

consola de videojuegos

paesekele ya bana

triciclo

teddy bear

osito de peluche

oteropo

armario

diaparo

ropa

masokisi

medias

masokisi

medias panty

pentihouso

calzas

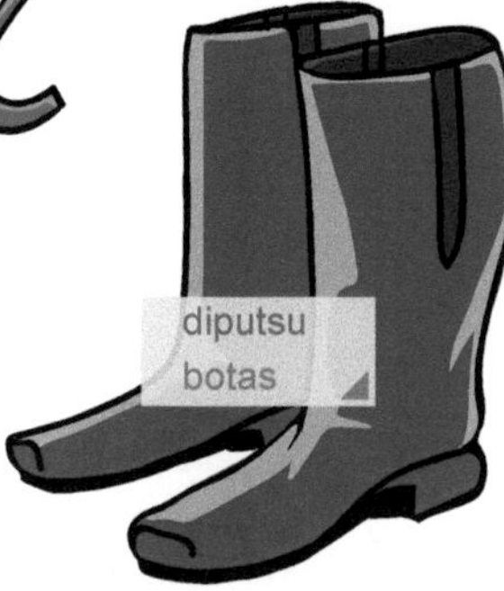

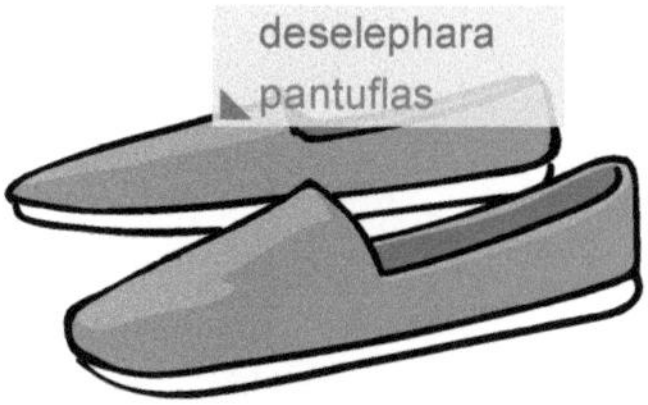

sekhafo
bufanda

amporela
paraguas

lepanta
cinturón

sekhipha
remera

diputsu
botas

deselephara
pantuflas

diteki
zapatillas

ramphešane
....
sandalias

dieta
....
zapatos

diputsu tša rabara
....
botas de goma

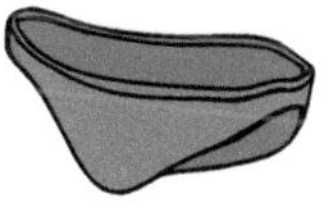

orokgwana bja ka fase
....
ropa interior

seaparo sa bra
....
corpiño

besete
....
chaleco

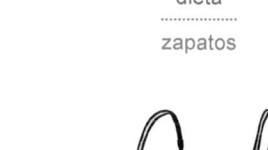

mmele

body

marokgo

pantalones

pokathe

jeans

sekhethe

pollera

seaparo sa blouse

blusa

hempe

camisa

jase

pulóver

jase

buzo

seaparo sa blazer

blazer

baki

campera

jase

tapado

jase ya pula

piloto

khosetumo

traje

roko

vestido

lešira

vestido de novia

sutu
traje

seaparo sa go robala
camisón

dipejama
pijama

sari
sari

sekafo
pañuelo para cabeza

turban
turbante

seaparo sa burqa
burka

roko ya kaftan
caftán

abaya
abaya

seaparo sa go rutha
traje de baño

diteranka
short de baño

marukgwana a manyenyane
shorts

terekesutu
jogging

apron
delantal

ditlelafo
guantes

konope

botón

digalase

anteojos

boreiselete

pulsera

nekeleise

collar

palamonwana

anillo

lengena

aro

kepisi

gorra

hengere ya jase

percha

kefa

sombrero

thai

corbata

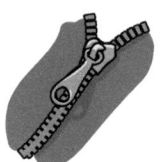

zip

cierre

helmete

casco

braces

tiradores

diaparo tša sekolo

uniforme escolar

unifomo

uniforme

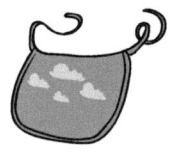

seaparo sa bib

babero

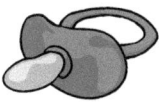

tami

chupete

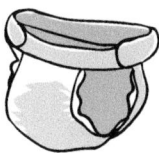

mongato

pañal

ofisi

oficina

sebara
servidor
lekase la difaele
archivero
letlakala
papel
phrinthara
impresora
monitharaw
monitor
tafola
escritorio
mouse
mouse
foldara
carpeta
keybhoto
teclado
te ya matlakala a ditšhila
de basura)
khomphutha
computadora
setulo
silla

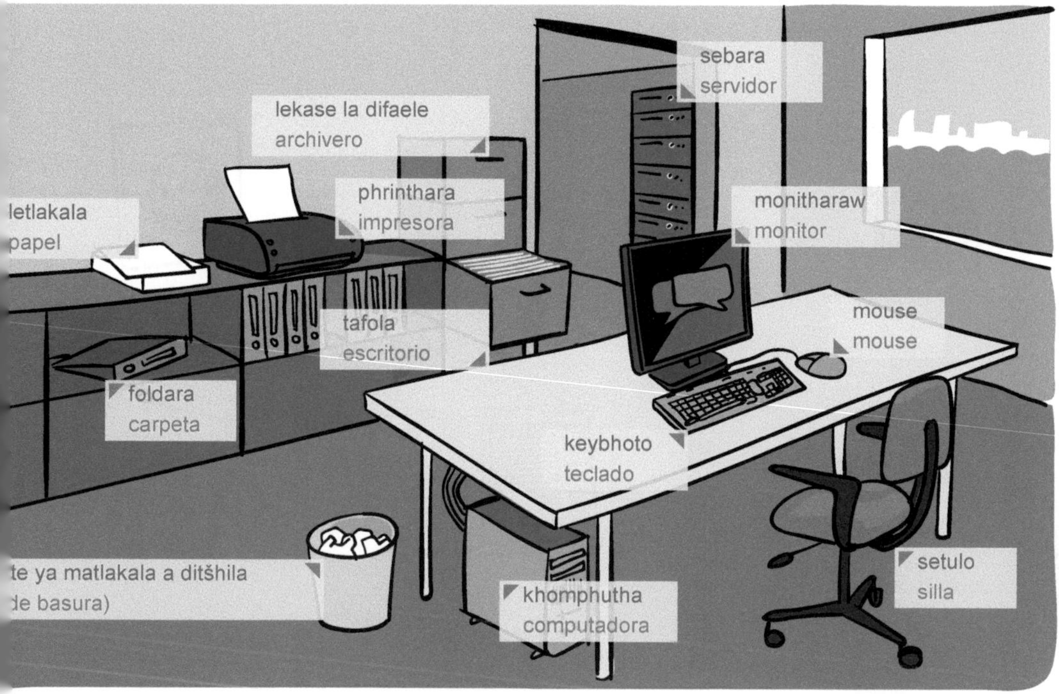

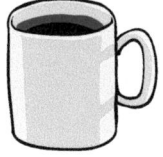

komiki ya kofi

taza de café

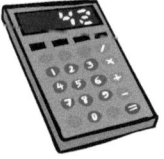

khalekhuleitha

calculadora

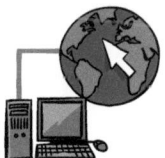

inthanete

internet

laptop

laptop

lengwalo

carta

molaetša

mensaje

mogalathekeng

celular

netweke

red

motšhene wa go photokhopa

fotocopiadora

software

software

mogala

teléfono

pholaka ya sokete

tomacorriente

motšhine wa go fekesa

fax

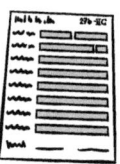

fomo

formulario

dipampiri

documento

reka

comprar

lefa

pagar

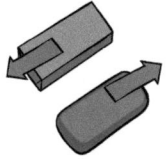

rekiša

hacer negocios

tšhelete

dinero

dollar

dólar

euro

euro

yen

yen

rouble

rublo

Swiss franc

franco suizo

renminbi yuan

yuan

rupee

rupia

lofelo la go ntšha tšhelete

cajero automático

lefelo la go fetola tšhelete

casa de cambio

gauta

oro

silifera

plata

oil

petróleo

matla

energía

poraese

precio

konteraka

contrato

motšhelo

impuesto

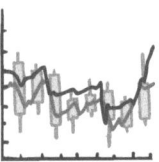

setokho

acción

mošomo

trabajar

mošomi

empleado

mothwadi

empleador

feketori

fábrica

lebenkele la dijo

negocio

bodulo
ocupaciones

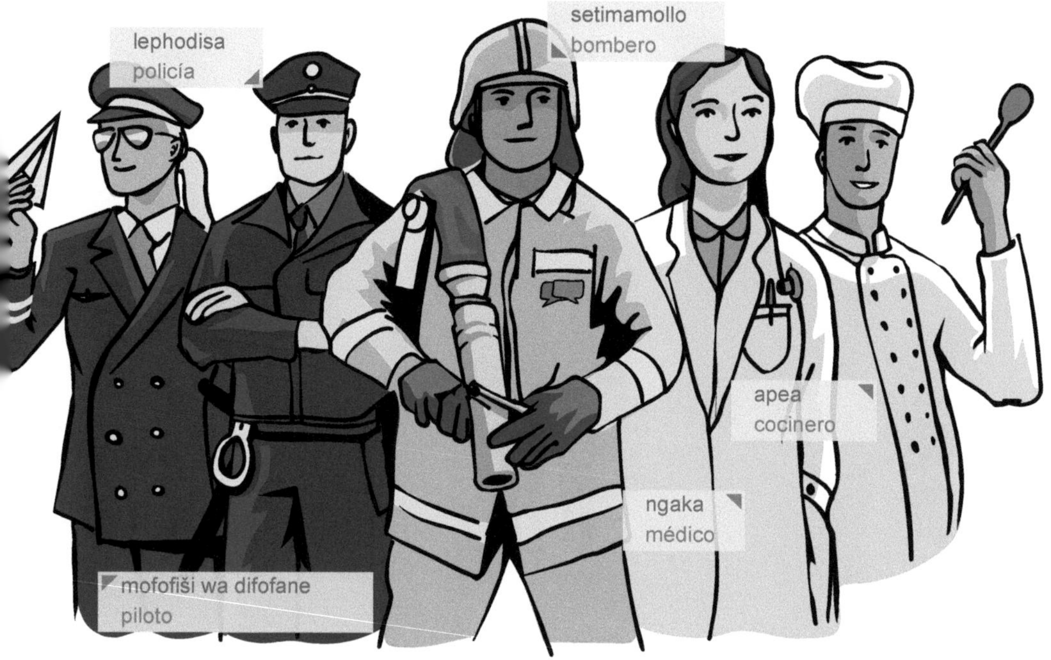
lephodisa
policía
setimamollo
bombero
apea
cocinero
ngaka
médico
mofofiši wa difofane
piloto

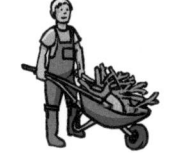

ohlokomedi wa dirapana

jardinero

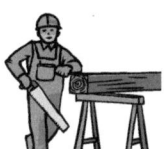

mmetli

carpintero

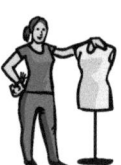

moroki

modista

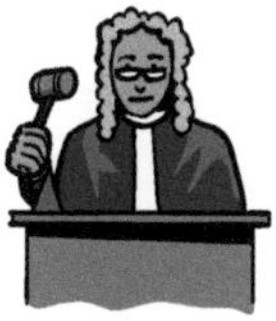

moahlodi

juez

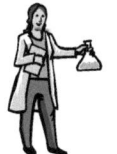

khemise

farmacéutico

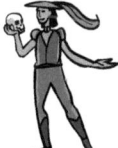

mmapadi

actor

mootledi wa pase

colectivero

mootledi wa thekisi

taxista

moswara dihlapi

pescador

mosadi wa go hlwekiša

mucama

molokiša marulelo

techista

weithara

mozo

motsomi

cazador

motho wa go penta

pintor

mopaki

panadero

electrician

electricista

moagi

albañil

moenjeneare

ingeniero

selaga

carnicero

polambara

plomero

mosepediši wa poso

cartero

mohlabani

soldado

mothadi wa dintlo

arquitecto

morekiši

cajero

molemi wa matšoba

florista

mologi wa moriri

peluquero

molaodi

cobrador

mekhenikhe

mecánico

mokapotene

capitán

ngaka ya meno

dentista

rathutamahlale

científico

moruti

rabino

moetapele wa dithapelo

imán

monk

monje

moruti

sacerdote

didirišwa

herramientas

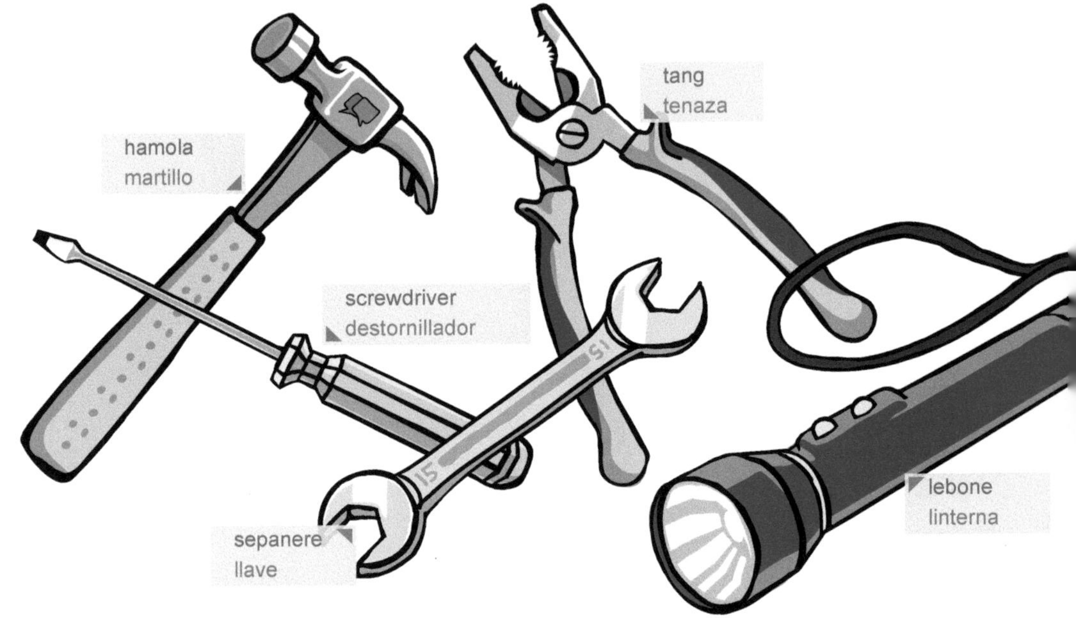

hamola
martillo
tang
tenaza
screwdriver
destornillador
sepanere
llave
lebone
linterna

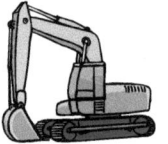

seepi
excavadora

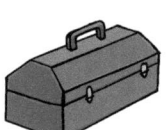

lepokisi la dithulusi
caja de herramientas

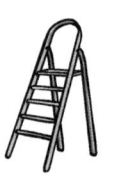

llere
escalera portátil

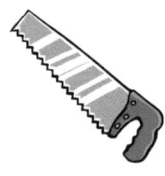

saga
sierra

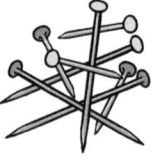

dipikiri
clavos

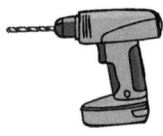

sebori
taladro

lokiša

arreglar

garafo

pala de jardín

ijoo!

¡Qué bronca!

seolela matlakala

pala de plástico

pitša ya pente

tacho de pintura

sekurufu

tornillos

didirišwa tša mmino

instrumentos musicales

segaša modumo
parlante

diteramo
batería

katara
guitarra

beise ya gabedi
contrabajo

porompeta
trompeta

piano

piano

violin

violín

beise

bajo

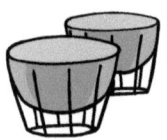

timpani

timbales

diteramo

tambor

keybhoto

teclado

saxophone

saxofón

phala

flauta

mmaekrofouno

micrófono

zuu

zoológico

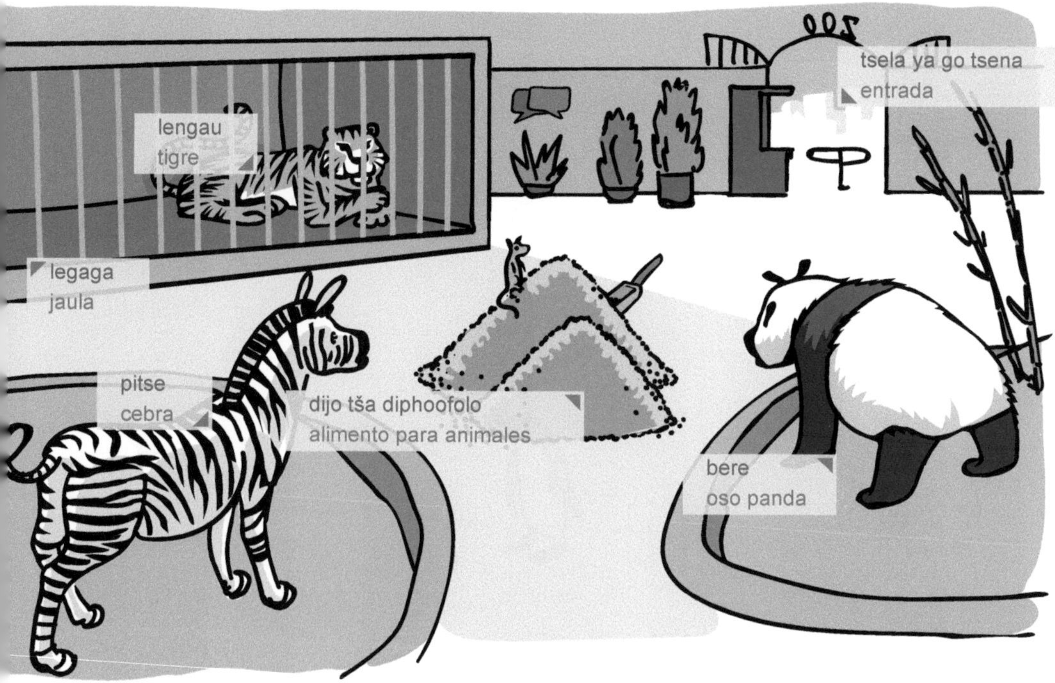

tsela ya go tsena
entrada
lengau
tigre
legaga
jaula
pitse
cebra
dijo tša diphoofolo
alimento para animales
bere
oso panda

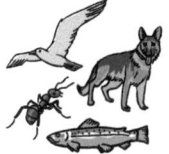

diphoofolo

animales

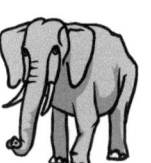

tlou

elefante

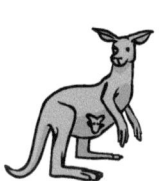

kangaroo

canguro

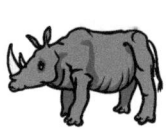

tšhukudu

rinoceronte

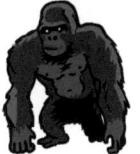

gorilla

gorila

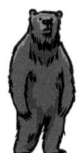

bere

oso

kamela

camello

mpšhe

avestruz

tau

león

tšhwene

mono

nonyana ya flamingo

flamenco

nonyana ya parrot

loro

bere ya polar

oso polar

penguin

pingüino

shark

tiburón

phikoko

pavo real

noga

serpiente

kwena

cocodrilo

mohlokomedi wa di zoo

cuidador del zoológico

sili

foca

jaquar

jaguar

pokolo

poni

lepogo

leopardo

hippo

hipopótamo

thutlwa

jirafa

lenong

águila

kolobe ya naga

jabalí

hlaphi

pescado

khudu

tortuga

walrus

morsa

phiri

zorro

phuthi

gacela

kgwele ya Amerika
fútbol americano

go reila paesekela
ciclismo

thenese
tenis

basketball
básquet

go rutha
natación

ntwa ya matswele
boxeo

hockey ya lehlweng
hockey sobre hielo

kgwele ya maoto

fútbol

badminton

bádminton

bakitimi

atletismo

polo ya matsogo

handball

skiing

esquí

polo

polo

sega
reír

taboga
saltar

gokara
abrazar

sepela
caminar

opela
cantar

lora
soñar

rapela
rezar

atla
besar

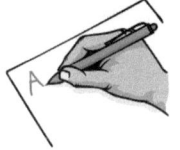

ngwala

escribir

thala

dibujar

bontšha

mostrar

kgorometša

presionar

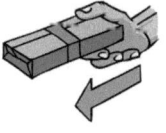

efa

dar

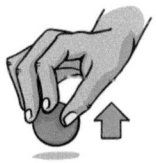

tšea

tomar

e ba le
tener

dira
hacer

eba
ser

ema
estar parado

kitima
correr

goga
tirar

lahlela
tirar

e wa
caer

maaka
estar acostado

emanyana
esperar

rwala
llevar

dula
estar sentado

go apara
vestirse

robala
dormir

tsoga
despertar

lebelela

mirar

lla

llorar

seterouko

acariciar

kamo

peinar

bolela

hablar

kwešiša

entender

botšiša

preguntar

theetša

escuchar

e nwa

beber

eja

comer

hlwekiša

ordenar

lerato

amar

apea

cocinar

otlela

manejar

fofa

volar

sesa

navegar

khalekhuleitha

calcular

bala

leer

ithute

aprender

mošomo

trabajar

nyala

casarse

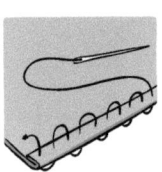

roka

coser

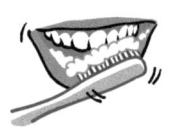

hlapa meno

cepillarse los dientes

bolaya

matar

kgoga

fumar

romela

enviar

lelapa
familia

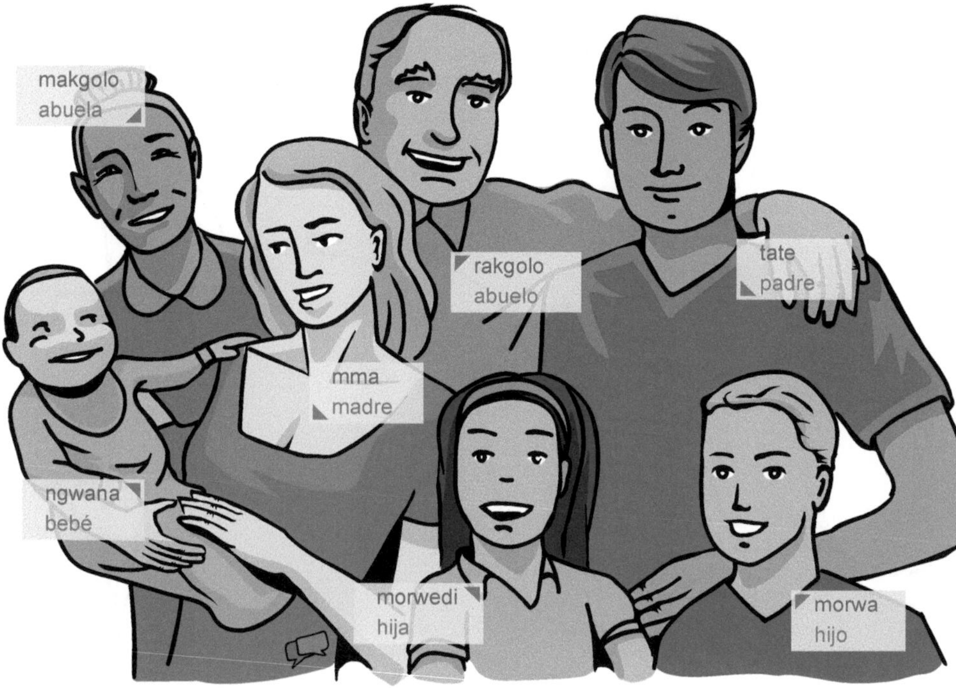

makgolo
abuela
rakgolo
abuelo
tate
padre
mma
madre
ngwana
bebé
morwedi
hija
morwa
hijo

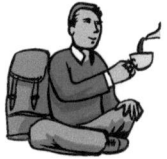

moeng

invitado

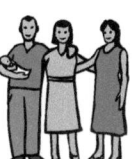

rakgadi

tía

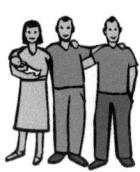

malome

tío

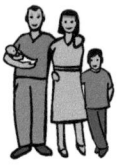

abuti

hermano

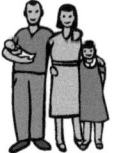

sesi

hermana

mmele

cuerpo

phatla
frente
leihlo
ojo
magetla
hombro
monwana
dedo
sefahlego
cara
seledu
pera
seatla
mano
leoto
pierna
letswele
pecho
letsogo
brazo

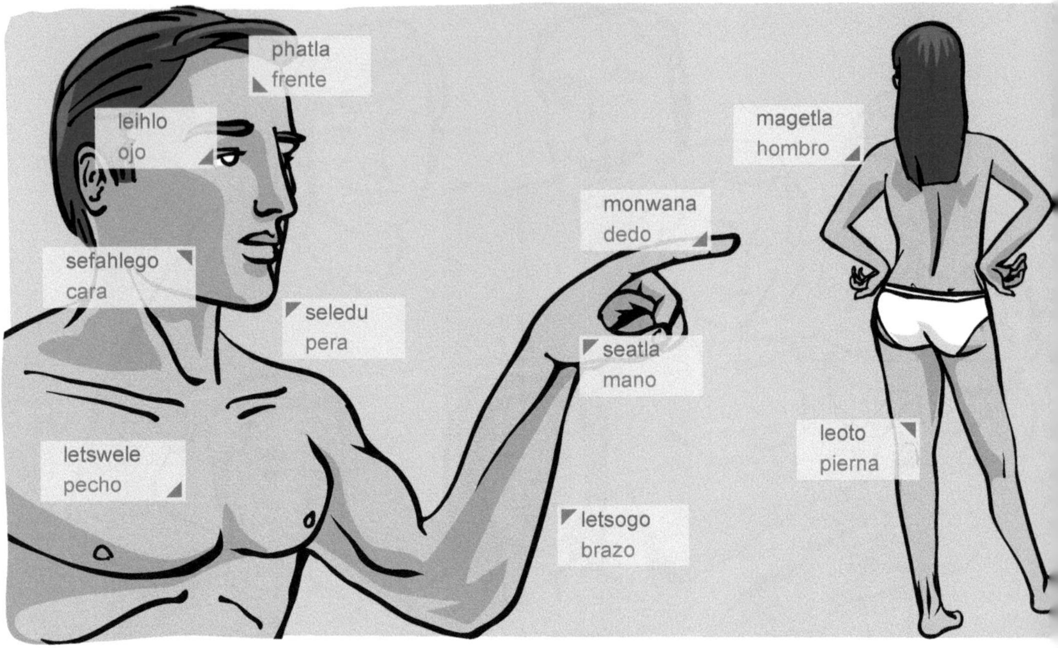

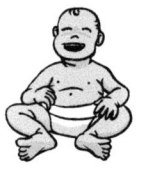

ngwana

bebé

monna

hombre

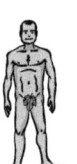

mosadi

mujer

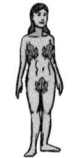

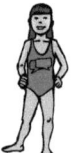

kgarebe

nena

mošemane

nene

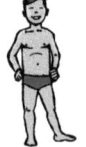

hlogo

cabeza

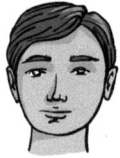

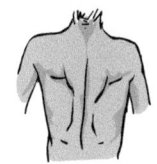

morago

espalda

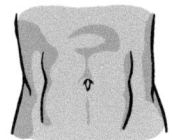

mokhaba

panza

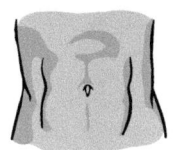

mokhubu

ombligo

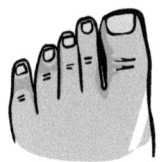

monwana

dedo del pie

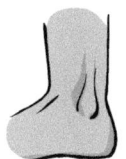

tlhako

talón

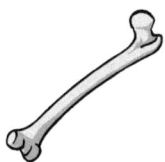

lerapo

hueso

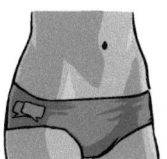

matheka

cadera

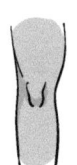

leoto

rodilla

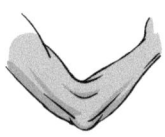

khuru

codo

nko

nariz

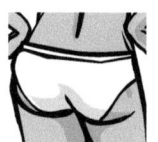

tlase

cola

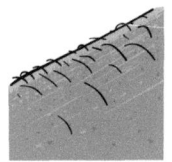

letlalo

piel

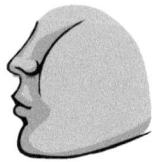

lerama

cachete

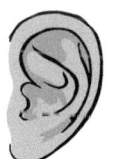

tsebe

oreja

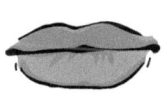

molomo

labio

molomo

boca

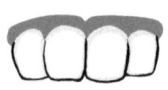

leino

diente

Leleme

lengua

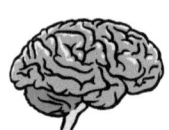

bjoko

cerebro

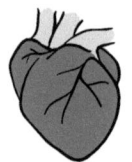

pelo

corazón

segoba

músculo

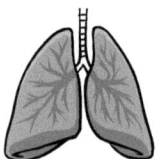

maswafo

pulmón

sebete

hígado

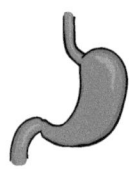

mala

estómago

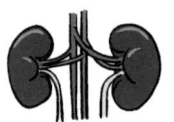

diphsio

riñones

thobalano

sexo

condom

preservativo

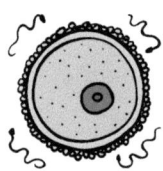

Ovum

óvulo

matshedi

semen

go ima

embarazo

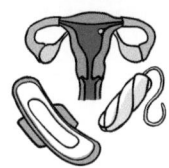

go bona kgwedi

menstruación

setho sa bosadi

vagina

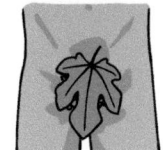

setho sa bonna

pene

dintši

ceja

moriri

pelo

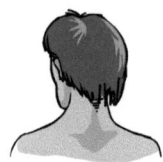

molala

cuello

sepetlele
hospital

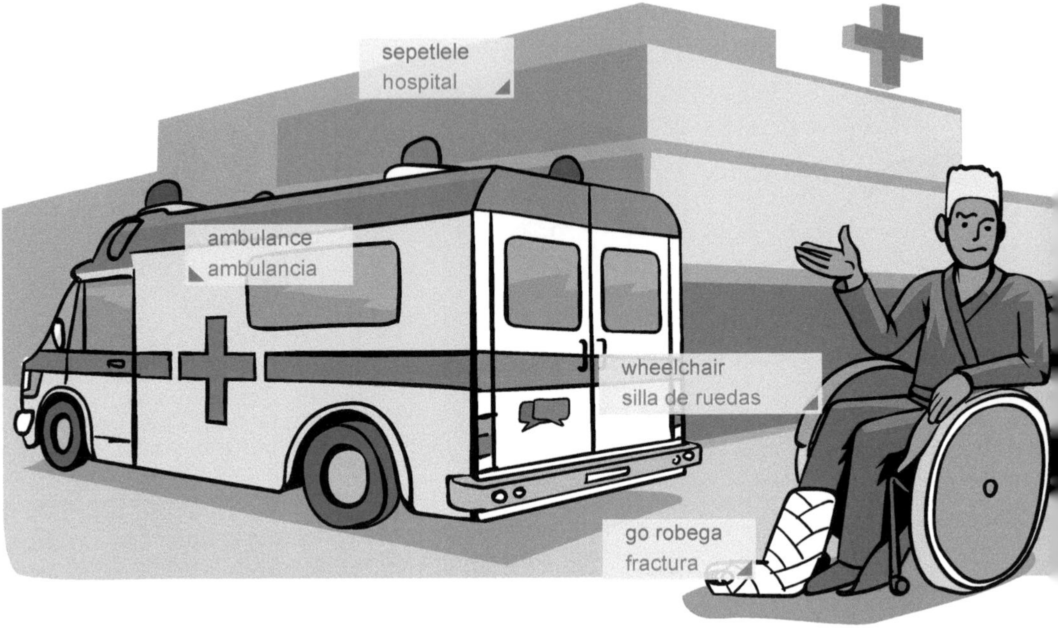

sepetlele
hospital
ambulance
ambulancia
wheelchair
silla de ruedas
go robega
fractura

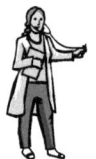

ngaka

médico

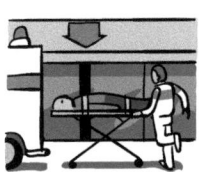

phapoši ya tša tšhoganetšo

sala de guardia

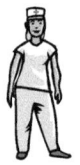

mooki

enfermera

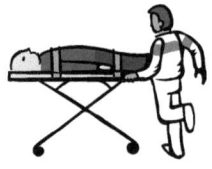

tšhoganetšo

emergencia

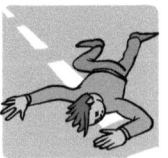

go idibala

inconsciente

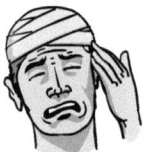

bohloko

dolor

go gobala

lesión

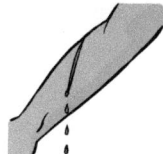

go tšwa madi

hemorragia

bolwetši bja pelo

infarto

setorouko

ACV

ge mmele o ganana le dijo

alergia

go gohlola

tos

go gohlola

fiebre

sehuba

gripe

letšhollo

diarrea

go opa ke hlogo

dolor de cabeza

kankere

cáncer

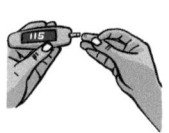

swikiri

diabetes

mmui

cirujano

thipa ya scalpel

bisturí

go bulwa

operación

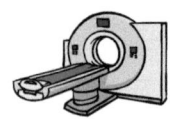

CT
TC

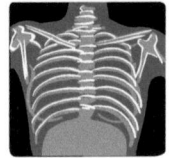

x-ray
rayos x

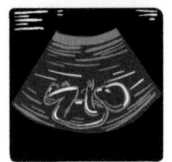

ultrasound
ecografía

sethiba sefahlego
barbijo

bolwetši
enfermedad

phapoši ya go leta
sala de espera

lehlotlo
muleta

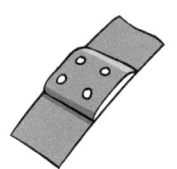

sedirišwa sa plaster
curita

lešela la ntho
venda

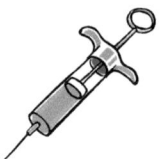

nalete
inyección

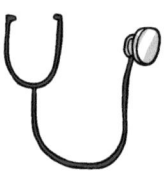

sthehosekoupo
estetoscopio

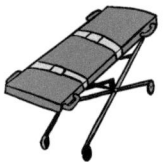

seteretšhara
camilla

themoketha ya kgathelelo
termómetro

go belebga
nacimiento

mmele o mogolo
sobrepeso

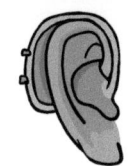

sethuša ditsebe

audífono

disinfectant

desinfectante

twatši

infección

baerase

virus

HIV / AIDS

VIH / SIDA

dihlare

remedio

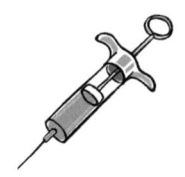

tlhabelo ya go thibela malwetši

vacunación

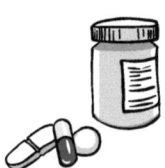

dipilisi

comprimidos

pilisi

pastilla anticonceptiva

nogala wa tšhoganetšo

amada de emergencia

sehlahlobi sa pelo

tensiómetro

go babja / phetše gabotse

enfermo / sano

Thušo!

¡Ayuda!

alamo

alarma

go tšhošetšwa

agresión

tlhaselo

ataque

kotsi

peligro

go tšwa ka tšhoganetšo

salida de emergencia

Mollo!

¡Fuego!

setimamollo

matafuego

kotsi

accidente

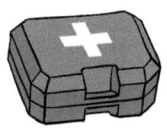

first-aid kit

botiquín de primeros auxilios

SOS

SOS

maphodisa

policía

Yuropa

Europa

Amerika Bodikela

América del Norte

Amerika Borwa

América del Sur

Afrika

África

Asia

Asia

Australia

Australia

Atlantic

Atlántico

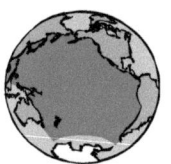

Pacific

Pacífico

Lewatle la India

Océano Índico

Lewatle la Antarctic

Océano Antártico

Lewatle la Arctic

Océano Ártico

North Pole

polo norte

South Pole

polo sur

Antarctica

Antártida

Lefase

Tierra

naga

tierra

noka

mar

island

isla

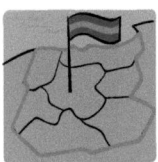

naga

nación

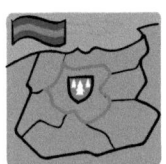

state

estado

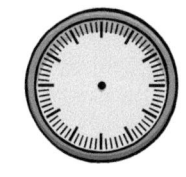

ešupanako sa dinomoro

esfera

diiri tša sešupanako

manecilla de las horas

metsotso ya sešupanako

minutero

metsotswana ya
sešupanako
segundero

Ke nako mang?

¿Qué hora es?

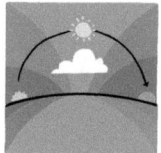

letšatši

día

nako

hora

gona bjale

ahora

sešupanako sa dinomoro

reloj digital

metsotso

minuto

iri

hora

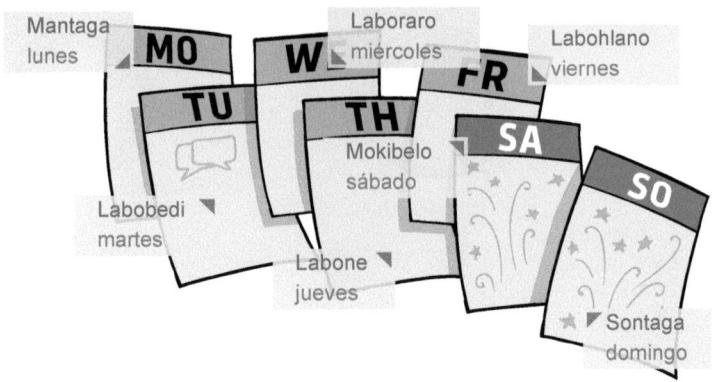

Mantaga
lunes

MO

W

Laboraro
miércoles

FR

Labohlano
viernes

TU

TH

SA

Mokibelo
sábado

SO

Labobedi
martes

Labone
jueves

Sontaga
domingo

maobane
ayer

lehono
hoy

ka moswana
mañana

mesong
mañana

Thapama
mediodía

mantšiboa
tarde

matšatši a kgwebo
días hábiles

mafelobeke
fin de semana

molalatladi
arco iris

pula
lluvia

lehlwa
nieve

phefo
viento

seruthwane
primavera

lehlabula
otoño

selemo
verano

marega
invierno

4.APRIL	11°	☀
5.APRIL	4°	☔
6.APRIL	13°	☁
7.APRIL	8°	☀
8.APRIL	10°	☀

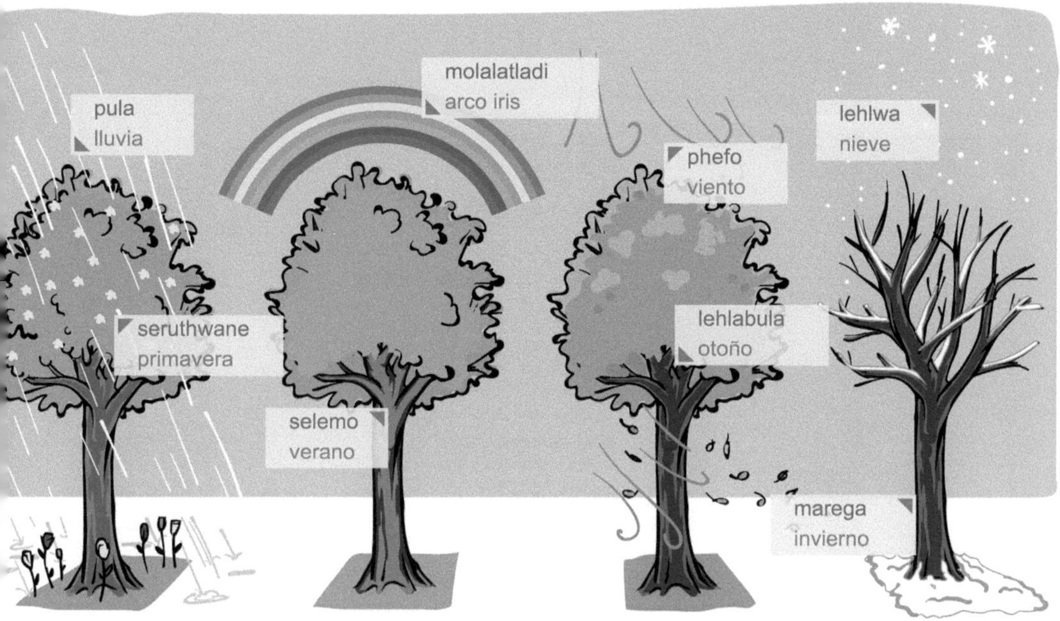

tsebišo ya leratadima

onóstico meteorológico

thermometer

termómetro

mahlasedi a letšatši

luz del sol

maru

nube

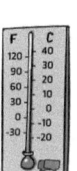

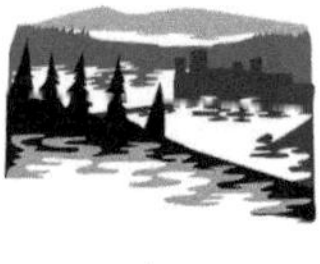

kgudi

niebla

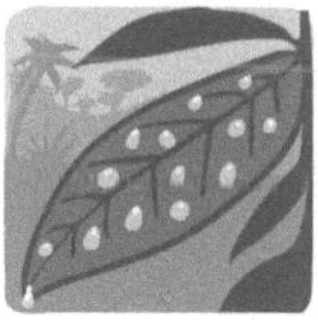

go koloba

humedad

legadima

rayo

legadima

trueno

ledimo

tormenta

sefako

granizo

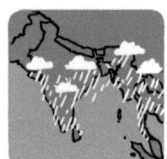

ledimo

monzón

lefula

inundación

lehlwa

hielo

January

enero

February

febrero

March

marzo

April

abril

May

mayo

June

junio

July

julio

August

agosto

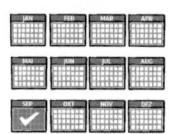

September
septiembre

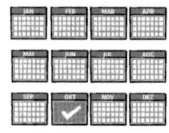

October
octubre

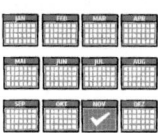

November
noviembre

December
diciembre

dibopego
formas

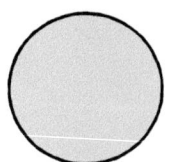

nthokolo
círculo

sekwere
cuadrado

rectangle
rectángulo

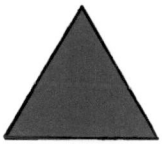

theraekele
triángulo

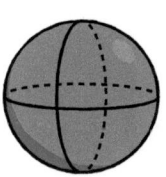

nthokolo
esfera

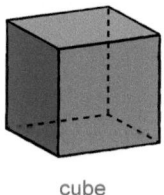

cube
cubo

tshweu

blanco

kheri

amarillo

namone

naranja

pinki

rosa

khubedu

rojo

phepholo

violeta

pududu

azul

tala

verde

tshehla

marrón

kerei

gris

bontsho

negro

še dintši / tše dinyenyane

mucho / poco

befetšwe / theotše maswafo

enojado / tranquilo

botse / befile

lindo / feo

mathomo / mafelelo

principio / fin

kgolo / nyenyane

grande / chico

seetša / leswiswi

claro / oscuro

abuti / sesi

hermano / hermana

hlwekile / ditšhila

limpio / sucio

feletše / ga se e felele

completo / incompleto

mosegare / bošego

día / noche

hwile / o sa phela

muerto / vivo

go bulega / go tswalelega

ancho / angosto

e a jega / ga e jege

comestible / no comestible

bobe / go loka

malo / amable

mahlahlo / go tšwafa

entusiasmado / aburrido

bokoto / bosese

gordo / flaco

mathomo / mafelelo

primero / último

mogwera / lenaba

amigo / enemigo

e tletše / ga e na selo

lleno / vacío

tiile / e bonolo

duro / blando

ya roba / e bobebo

pesado / liviano

tlala / mokhoro

hambre / sed

go babja / phetše gabotse

enfermo / sano

ga e molaong / e molaong

ilegal / legal

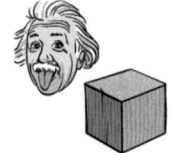

bohlale / lešilo

inteligente / estúpido

le letshadi / le letona

izquierda / derecha

kgaufsi / kgole

cerca / lejos

mapsha / e dirišitšwe

nuevo / usado

selo / se sengwe

nada / algo

motšofadi / mofsa

viejo / joven

laeta / tima

encendido / apagado

bula / tswalela

abierto / cerrado

homola / rasa

silencioso / ruidoso

go huma / go diila

rico / pobre

e lokilego / e sa lokago

correcto / incorrecto

makgwakgwa / go thelela

áspero / suave

go nyama / go thaba

triste / contento

mokopana / motelele

corto / largo

go nanya / go kitima

lento / rápido

go koloba / go oma

mojado / seco

borutho / go tonya

caliente / frío

ntwa / khutšo

guerra / paz

números

0	**1**	**2**
nnoto	tee	pedi
cero	uno	dos
3	**4**	**5**
tharo	nne	tlhano
tres	cuatro	cinco
6	**7**	**8**
tshela	šupa	seswai
seis	siete	ocho
9	**10**	**11**
senyane	lesome	lesome tee
nueve	diez	once

12

lesome pedi

doce

13

lesome tharo

trece

14

lesome nne

catorce

15

lesome tlhano

quince

16

lesome tshela

dieciséis

17

lesome šupa

diecisiete

18

lesome seswai

dieciocho

19

lesome senyane

diecinueve

20

masomepedi

veinte

100

lekgolo

cien

1.000

sekete

mil

1.000.000

milione

millón

Seisemane

inglés

Seisemane sa Amerika

inglés americano

Sechina sa Mandarin

chino mandarín

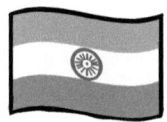

Sehindi

hindi

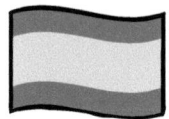

Spanish

español

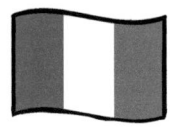

Sefora

francés

Searabic

árabe

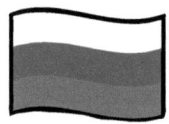

Serašia

ruso

Sepotokisi

portugués

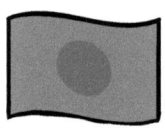

Sebengali

bengalí

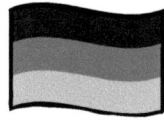

Sejeremane

alemán

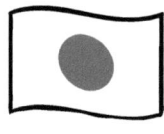

Sefapane

japonés

Nna

yo

wena

vos

yena / yona

él / ella

rena

nosotros

wena

ustedes

bona

ellos

bomang?

¿quién?

eng?

¿qué?

bjang?

¿cómo?

mo kae?

¿dónde?

neng?

¿cuándo?

leina

nombre

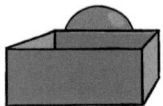

ka morago

detrás

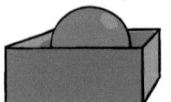

go

en

kgaufsi le

adelante de

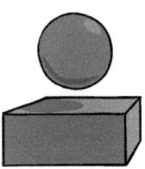

godimo ga

por encima de

go

sobre

ka tlase ga

debajo de

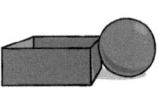

ka lehlakoreng la

al lado de

magareng ga

entre

lefelo

lugar